BEI GRIN MACHT SICH IHR WISSEN BEZAHLT

- Wir veröffentlichen Ihre Hausarbeit, Bachelor- und Masterarbeit

- Ihr eigenes eBook und Buch - weltweit in allen wichtigen Shops

- Verdienen Sie an jedem Verkauf

Jetzt bei www.GRIN.com hochladen und kostenlos publizieren

Max Weber

Sozialismus

GRIN Verlag

Bibliografische Information der Deutschen Nationalbibliothek:

Die Deutsche Bibliothek verzeichnet diese Publikation in der Deutschen National-bibliografie; detaillierte bibliografische Daten sind im Internet über http://dnb.d-nb.de/ abrufbar.

Dieses Werk sowie alle darin enthaltenen einzelnen Beiträge und Abbildungen sind urheberrechtlich geschützt. Jede Verwertung, die nicht ausdrücklich vom Urheberrechtsschutz zugelassen ist, bedarf der vorherigen Zustimmung des Verlages. Das gilt insbesondere für Vervielfältigungen, Bearbeitungen, Übersetzungen, Mikroverfilmungen, Auswertungen durch Datenbanken und für die Einspeicherung und Verarbeitung in elektronische Systeme. Alle Rechte, auch die des auszugsweisen Nachdrucks, der fotomechanischen Wiedergabe (einschließlich Mikrokopie) sowie der Auswertung durch Datenbanken oder ähnliche Einrichtungen, vorbehalten.

Impressum:

Copyright © 2008 GRIN Verlag, Open Publishing GmbH
Druck und Bindung: Books on Demand GmbH, Norderstedt Germany
ISBN: 978-3-640-23899-6

Dieses Buch bei GRIN:

http://www.grin.com/de/e-book/120305/sozialismus

GRIN - Your knowledge has value

Der GRIN Verlag publiziert seit 1998 wissenschaftliche Arbeiten von Studenten, Hochschullehrern und anderen Akademikern als eBook und gedrucktes Buch. Die Verlagswebsite www.grin.com ist die ideale Plattform zur Veröffentlichung von Hausarbeiten, Abschlussarbeiten, wissenschaftlichen Aufsätzen, Dissertationen und Fachbüchern.

Besuchen Sie uns im Internet:

http://www.grin.com/

http://www.facebook.com/grincom

http://www.twitter.com/grin_com

Max Weber

Sozialismus

[erstmalig erschienen 1918]

VORWORT.

Der nachstehende Vortrag wurde von Universitäts-Professor Dr. Max Weber, Heidelberg, während seiner Lehrtätigkeit an der Universität Wien vor einem Auditorium von k. u. k. Offizieren innerhalb eines Kursus als eine allgemeine, einführende Orientierung über den Sozialismus gehalten. Da er über diesen Kreis hinaus Interesse finden dürfte, wird er nach einem Stenogramm mit Zustimmung des Vortragenden veröffentlicht.[1]

---

1 Aus dem Vorwort der Erstausgabe im KOMMISSIONSVERLAG Dr. VIKTOR PIMMER, WIEN VI. MARIAHILFERSTRASSE 27, 1918

Meine hochverehrten Herren!

Wenn ich das erstemal die Ehre habe, im Kreise des Offizierskorps der k. u. k. Armee zu sprechen, so werden Sie verstehen, daß das für mich eine etwas verlegene Situation ist. Vor allem deshalb, weil ich die Vorbedingungen: die inneren Verhältnisse des Betriebes der k. u. k. Armee in gar keiner Weise kenne, diejenigen Vorbedingungen, die auch für eine Einflußnahme des Offizierskorps auf die Mannschaft maßgebend sind. Es ist ja selbstverständlich, daß der Offizier in der Reserve und in der Landwehr immer ein Dilettant ist, nicht nur deshalb, weil ihm die wissenschaftliche Kriegsschulvorbildung, sondern auch deshalb, weil ihm die ständige Fühlung mit dem ganzen inneren Nervensystem des Betriebes fehlt. Aber immerhin, wenn man, so wie es bei mir der Fall war, Jahre lang immer wieder einige Zeit innerhalb der deutschen Armee in sehr verschiedenen Gebieten Deutschlands war, so glaube ich, so viel Anschauung von der Art der Beziehungen zwischen Offizierskorps, Unteroffizierskorps und Mannschaften zu haben, um wenigstens sehen zu können: diese und jene Art der Einflußnahme ist *möglich*, diese und jene Art ist schwierig oder unmöglich. Davon habe ich selbstverständlich für die k. u. k. Armee auch nicht die geringste Vorstellung. Wenn ich überhaupt irgendeine Vorstellung von den inneren Verhältnissen der k. u. k. Armee habe, so ist es nur die von ganz ungeheuren sachlichen Schwierigkeiten, die für mich schon einfach aus den sprachlichen Verhältnissen folgen. Es ist von Reserveoffizieren der k. u. k. Armee mehrfach versucht worden, mir auseinanderzusetzen, wie es gelingt, ohne wirkliche Kenntnis der Sprache der Mannschaft doch jenen Kontakt mit ihr aufrechtzuerhalten, der eben erforderlich ist, um eine Einflußnahme irgendwelchen Art über das Dienstliche hinaus auszuüben. Ich selbst kann nur aus deutschen Vorstellungen heraus sprechen und möchte mir zunächst erlauben, einige

Bemerkungen über die Art, wie diese Einflußnahme bei uns verlaufen ist, vorausschicken.

Diese Bemerkungen sind „aus der Froschperspektive" gemacht. D. h.: ich hatte es mir bei zeitweise häufigen Reisen in Deutschland zum Grundsatze gemacht, wenn es sich nicht um sehr lange Fahrten handelte und wenn ich nicht sehr anstrengende Tätigkeit vor mir hatte, stets dritte Klasse zu fahren, und bin so im Laufe der Zeit mit vielen Hunderten von Leuten, die von der Front kamen oder nach der Front reisten, zusammengekommen, gerade in jener Epoche, wo bei uns das, was man unter Aufklärungsarbeit durch die Offiziere verstand, eingesetzt hat. Da habe ich, ohne daß ich irgendwelchen Anlaß genommen hätte, die Leute auszufragen oder meinerseits zum sprechen zu bringen, außerordentlich vielfältige Aeußerungen darüber von Seite der Leute gehört. Und zwar handelte es sich da stets um sehr zuverlässige Leute, für welche die Autorität des Offiziers felsenfest stand, nur selten auch um solche, die eine etwas andere Haltung innerlich einnahmen. Die Sache war nun immer die: daß man sehr bald die große Schwierigkeit jeder Aufklärungsarbeit erkennen mußte. Es war namentlich eines: sobald bei den Leuten irgendwie der Verdacht rege wurde, daß es sich um *Partei*politik handle, die direkt oder indirekt gefördert werden solle, gleichviel, welcher Art sie war, so war bei einem großen Teile von ihnen immer das Mißtrauen da. Sie hatten eben, wenn sie auf Urlaub kamen, Beziehungen zu ihren Parteileuten und es wurde dann natürlich schwierig, ein wirkliches Vertrauensverhältnis zu ihnen aufrecht zu erhalten. Es war ferner die große Schwierigkeit vorhanden: die Leute erkannten zwar die militärische Fachkunde des Offiziers ganz bedingungslos an — das ist mir nie anders vorgekommen, so selbstverständlich auch in Deutschland gelegentlich geschimpft wurde, bald über die Stäbe, bald über sonst etwas, aber die militärische Autorität ist nie grundsätzlich bezweifelt worden; — dagegen stieß man auf das Empfinden: ja, wenn wir von Seite des

Offiziers über unsere privaten Lebensverhältnisse und das, was daraus folgt, belehrt werden, so liegt die Tatsache vor, daß das Offizierskorps doch einer anderen ständischen Schicht angehört als wir und daß es dem Offizier beim besten Willen nicht möglich ist, sich in unsere Lage, die wir hinter der Maschine oder hinter dem Pfluge stehen, so vollständig hineinzuversetzen, wie wir selbst das tun. Das kam in einer Anzahl teilweise naiver Aeußerungen immer wieder zum Ausdruck und ich hatte das Gefühl, daß vielleicht durch eine falsch betriebene Art der Aufklärung die Autorität des Offiziers auch auf dem militärischen Gebiete, wo sie ganz unerschüttert steht, leiden könnte, weil die Leute die Autorität auf jenen Gebieten, wo sie beanspruchen, zu Hause zu sein, nicht unbedingt anerkennen. — Nun ein weiterer, nicht jetzt, aber früher bei Auseinandersetzungen mit dem Sozialismus oft gemachter Fehler. Man ist schon lange mit gutem Grunde davon abgegangen, was man früher auf Seite der parteipolitischen Gegner der Sozialdemokratie getan hat, bezüglich der Gewerkschaftsbeamten und der Parteibeamten den Arbeitern vorzuhalten: „Das sind eigentlich die Leute, die von den Arbeitergroschen im wörtlichen Sinne leben, viel mehr als die Unternehmer." Denn darauf antwortet selbstverständlich jeder Arbeiter: „Gewiß leben die Leute von meinen Groschen. Ich bezahle sie. Aber eben deshalb sind sie mir zuverlässig, sie sind von mir abhängig, ich weiß, daß sie meine Interessen vertreten müssen. Da lasse ich mir nichts dreinreden. Das ist mir die paar Groschen wert." Man ist jetzt mit Recht davon abgegangen, jene Intellektuellen Schicht, die nun einmal überall die Parolen, die Schlagworte und — sagen Sie getrost: die Phrasen prägt, mit denen in allen Parteien ohne Ausnahme gearbeitet wird, und so auch innerhalb der Parteien der Linken und der sozialdemokratischen Partei, in jener Art diskreditieren zu wollen. Insbesondere aber ist es meiner Meinung nach zu begrüßen, daß man in Deutschland sich mit den Gewerkschaften gut gestellt hat. Man mag zu den Gewerkschaften sonst stehen, wie man will. Sie machen auch ihre Torheiten. Dennoch war diese Haltung gegenüber den Gewerkschaften gerade vom militärischen Standpunkt klug. Denn sie repräsentieren immerhin etwas, was auch den militärischen Körperschaften eigen ist. Man mag über den Streik denken, wie man will. Er ist meist ein Kampf um Interessen, um Löhne. Sehr oft aber doch nicht nur um Löhne, sondern auch um ideelle Dinge: um Ehre, so wie sie die Arbeiter nun einmal verstehen — und was darunter zu verstehen sei, das beansprucht eben jedermann selbst zu wissen. Das Gefühl der Ehre, der Kameradschaft der Genossen in einer Fabrik oder in ein und derselben Branche hält sie zusammen, und das ist schließlich ein Gefühl, auf welchem, nur in anderer Richtung, auch der Zusammenhalt militärischer Körper beruht. Und da es nun einmal gar kein Mittel gibt, die Streiks aus der Welt zu schaffen — man kann nur wählen zwischen offen anerkannten und geheimen Verbänden dieser Art — so halte ich es für auch vom militärischen Standpunkt klug, wenn man sich auf den Boden dieser Tatsache stellt: Das ist einmal so und, solange man mit den Leuten auskommt und sie nicht *militärische* Interessen gefährden, paktiert man mit ihnen, wie es tatsächlich in Deutschland geschehen ist. Das sind meine subjektiven Eindrücke.

Nun möchte ich mich aber dem Thema zuwenden, zu welchem Sie mir die Ehre gegeben haben, mich hierher zu laden, und welches ja freilich derart ist, daß man ein halbes Jahr ausführlich darüber sprechen müßte (denn in diesem Umfange pflegt man geschulten akademischen Hörern diese Dinge vorzutragen): der Stellung des Sozialismus und der Stellungnahme zu ihm. Zunächst mache ich darauf aufmerksam, daß es „Sozialisten" der allerverschiedensten Art gibt. Es gibt Leute, die sich Sozialisten nennen und die kein einziger Parteisozialist welcher Richtung immer als solche anerkennen würde. Alle *Parteien*, die rein sozialistischen Charakter haben, sind heute *demokratische* Parteien. Auf diesen demokratischen Charakter möchte ich zunächst kurz eingehen. Was ist denn heute Demokratie? Der Punkt gehört durchaus zur Sache. Freilich kann ich ihn heute nur kurz berühren. Demokratie kann unermeßlich Verschiedenes bedeuten. Sie bedeutet an sich nur: daß keine formelle Ungleichheit der politischen Rechte zwischen den einzelnen Klassen der Bevölkerung besteht. Aber welche verschiedenen Konsequenzen hat das! Bei dem alten Typus der Demokratie, in den Schweizer Kantonen Uri, Schwyz, Unterwalden, Appenzell und Glarus versammeln sich noch heute sämtliche Bürger — in Appenzell sind das 12.000 stimmfähige Leute, sonst sind es 3000 bis 5000 — auf einem großen Platz und stimmen dort über alles, von der Wahl des Landammannes angefangen bis zur Beschlußfassung über ein neues Steuergesetz oder irgend eine Frage der Verwaltung nach erfolgter Diskussion durch Händeaufheben ab. Wenn Sie nun aber die Listen der Landammänner verfolgen, die da in einer solchen Schweizer Demokratie alten Stils durch fünfzig oder sechzig Jahre hindurch gewählt wurden, so werden Sie finden, daß es auffallend häufig dieselben waren oder daß doch bestimmte Familien diese Aemter von alters her in der Hand hatten, daß also zwar eine Demokratie im Rechte bestand, diese Demokratie aber tatsächlich aristokratisch verwaltet wurde. Und zwar aus dem ganz einfachen Grunde, weil das Amt etwa eines Landammannes nicht jeder Gewerbetreibende übernehmen konnte, ohne sich in seinem Gewerbe zu ruinieren. Er mußte im wirtschaftlichen Sinne „abkömmlich" sein und das ist in der Regel nur ein Mann von einigem Vermögen. Oder man muß ihn hoch bezahlen und durch Pension versorgen. Die Demokratie hat nur die Wahl: entweder billig durch reiche Leute im Ehrenamt verwaltet zu werden oder teuer durch bezahlte Berufsbeamte. Dieses letzte: die Entwicklung eines Berufsbeamtentums, ist nun aber das Schicksal aller modernen Demokratien da geworden, wo das Ehrenamt nicht ausreiche: in den großen Massenstaaten. Das ist die augenblickliche Situation Amerikas. Der Theorie nach ist dort die Sache ähnlich wie in der Schweiz. Gewählt wird, wenn auch nicht durch Landesversammlungen, so doch nach direktem oder indirektem *gleichen* Wahlrechte, ein großer Teil der einzelstaatlichen Beamten und für die ganze Union: der Präsident. Der Präsident ernennt die anderen Beamten der Union. Man hat dabei die Erfahrung gemacht, daß die vom gewählten Präsidenten *ernannten* Beamten an Qualität der Leistung und vor allen Dingen an Unbestechlichkeit im ganzen hoch über denjenigen Beamten stehen, die aus den Volkswahlen hervorgehen, weil der Präsident und die hinter ihm stehende Partei selbstverständlich von den Wählern dafür verantwortlich gemacht werden, daß die Beamten, die sie ernennen, wenigstens irgendwie auch die Qualitäten haben, die der Wähler erwartet.

Diese amerikanische Demokratie nun, die auf dem Grundsatze beruht, daß alle vier Jahre, wenn der Präsident wechselt, auch die über 300.000 Beamten, die er zu ernennen hat, wechseln und daß alle vier Jahre alle governors jedes einzelnen Staates und mit ihnen wiederum viele Tausende von Beamten wechseln — diese Demokratie geht ihrem Ende entgegen. Das war eine Verwaltung durch Dilettanten; denn diese Beamten, die da von der Partei bestellt wurden, wurden nach dem Prinzipe ernannt: sie haben der Partei Dienste geleistet und dafür werden sie Beamte. Nach ihrer Fachqualifikation fragte man wenig, eine Prüfung, ein Examen oder etwas derartiges war bis vor einiger Zeit der amerikanischen Demokratie formell unbekannt. Im Gegenteile stand man oft auf dem Standpunkte, daß das Amt gewissermaßen im Turnus von einem zum anderen herumzugehen hätte, damit jeder einmal an die Krippe gelange.

Ich habe nun darüber mehrfach mit amerikanischen Arbeitern gesprochen. Der echte amerikanische Yankeearbeiter steht auf einer hohen Stufe der Löhne und der Bildung. Der Lohn eines amerikanischen Arbeiters ist höher als derjenige manches außerordentlichen Professors einer amerikanischen Universität.

Diese Leute haben vollständig die Formen der bürgerlichen Gesellschaft, sie erscheinen in ihrem Zylinder und mit ihrer Frau, die vielleicht etwas weniger Gewandtheit und Eleganz hat, aber im übrigen genau so sich benimmt wie eine andere Lady, während die Einwanderer, die aus Europa kommen, in die Unterschichten einströmen. Wenn ich also mit einem solchen Arbeiter zusammensaß und ihm sagte: Wie könnt ihr euch eigentlich von diesen Leuten regieren lassen, die euch da in die Aemter hineingesetzt werden und die selbstverständlich, da sie der Partei ihr Amt verdanken, da sie von diesem Gehalt, das sie beziehen, soundsoviel als Steuer an die Partei abführen und dann nach vier Jahren aus dem Amte gehen müssen, ohne eine Pensionsberechtigung zu haben, die also doch selbstverständlich aus dem Amte so viel Geld machen, als nur möglich ist, wie könnt ihr euch von dieser korrupten Gesellschaft, die euch notorisch Hunderte von Millionen stiehlt, regieren lassen?, so bekam ich gelegentlich die charakteristische Antwort, die ich wörtlich in ihrer Drastik wiedergeben darf: „Das tut nichts, es ist genug Geld für das Stehlen da und es bleibt noch immer genug übrig zum Verdienen für andere — auch für uns. Auf diese „professionels", auf diese Beamten speien wir, die verachten wir. Wenn aber eine examinierte studierte Klasse die Aemter einnimmt wie bei euch drüben — die speit auf uns."

Das war bei diesen Leuten das Entscheidende. Die Furcht vor dem Entstehen eines solchen Beamtentums, wie es in Europa tatsächlich besteht, eines ständischen, durch die Universitäten gebildeten, fachgeschulten Beamtenstandes.

Nun ist selbstverständlich längst die Zeit gekommen, wo man auch in Amerika nicht mehr durch Dilettanten verwalten kann. Mit riesiger Geschwindigkeit dehnt sich das Fachbeamtentum aus. Das Fachexamen wurde eingeführt. Formell zunächst obligatorisch nur bei gewissen, mehr technischen Beamten, aber es griff rasch weiter um sich. Es sind jetzt schon ungefähr hunderttausend von den vom Präsidenten zu ernennenden Beamten, die nur nach abgelegten Examen ernannt werden können. Damit ist der erste und wichtigste Schritt getan zur Umgestaltung der alten Demokratie. Und damit hat auch die Universität in Amerika eine ganz andere Rolle zu spielen begonnen und hat sich auch der Geist der Universitäten grundsätzlich gewandelt. Denn, was außerhalb Amerikas nicht immer gewußt wird, die amerikanischen Universitäten und die von ihnen gebildeten Schichten, nicht die Kriegslieferanten, die es in allen Ländern gibt, sind die Urheber des Kriegs gewesen. Als ich im Jahre 1904 drüben war, wurde ich von den amerikanischen Studenten nach nichts so viel gefragt wie danach: wie eigentlich in Deutschland Mensuren arrangiert werden, wie man das mache, um zu Schmissen zu kommen. Sie hielten das für eine ritterliche Einrichtung: diesen Sport mußten sie auch haben. Das Ernste an der Sache war, daß auf solche Stimmungen die Literatur namentlich in meinem Fache zugeschnitten wurde: gerade bei den damals besten Werken fand ich am Schluß folgende Konklusion: „Es ist ein Glück, daß sich die Weltwirtschaft dahin bewegt, daß der Moment kommt, wo es rentabel („a sound business view") wird, durch den *Krieg* einander den Welthandel abzunehmen; denn dann hört endlich das Zeitalter für uns Amerikaner auf, wo wir würdelose Dollarverdiener sind, dann wird wieder kriegerischer Geist und Ritterlichkeit die Welt beherrschen." Sie stellten sich den modernen Krieg wohl ähnlich vor, wie es in der Schlacht von Fontenoy war, wo der Herold der Franzosen den Feinden zurief: „Meine Herren Engländer, schießen Sie zuerst!" Sie dachten sich den Krieg als eine Art ritterlichen Sports, der wieder ständisches Empfinden, vornehmes Empfinden anstatt dieser schmutzigen Jagd nach dem Gelde setzen würde. Sie sehen: diese Kaste beurteilt Amerika genau so, wie in Deutschland nach meinen Kenntnissen Amerika vielfach beurteilt wird und — zieht ihrerseits die Konsequenzen. Aus dieser Kaste sind die entscheidenden Staatsmänner hervorgegangen. Dieser Krieg wird für Amerika die Konsequenz haben, daß es als ein Staat mit einer großen Armee, einem Offizierskorps und einer Bureaukratie daraus hervorgeht. Ich habe schon damals amerikanische Offiziere gesprochen, die sehr wenig mit den Zumutungen einverstanden waren, die die amerikanische Demokratie an sie stellt. Es passierte z. B. einmal, daß ich in der Familie einer Tochter eines Kollegen war und daß eben das Dienstmädchen weg war — sie hatten ja drüben bei den Dienstmädchen eine zweistündige Kündigungsfrist. Es kamen gerade die beiden Söhne, die Marinekadetten waren, und die Mutter sagte: „Ihr müßt jetzt hinausgehen, Schnee fegen, sonst kostet mich das täglich 100 Dollar Strafe." Die Söhne – sie waren gerade mit deutschen Seeoffizieren zusammen gewesen — meinten: das schicke sich nicht für sie — worauf die Mutter sagte: „Wenn ihr es nicht tut, so muß ich es tun."

Dieser Krieg wird für Amerika die Entwicklung einer Bureaukratie und damit Avancementschancen für die Universitätskreise zur Folge haben – das steckt selbstverständlich auch dahinter — kurz, er wird eine Europäisierung Amerikas in mindestens dem gleichen Tempo zur Folge haben, wie man von einer Amerikanisierung Europas gesprochen hat. Die moderne Demokratie wird überall, wo sie Großstaatdemokratie ist, eine bureaukratisierte Demokratie. Und es muß so sein; denn sie ersetzt die vornehmen adeligen oder anderen Ehrenbeamten durch ein bezahltes Beamtentum. Das geht überall so, das geht auch innerhalb der Parteien so. Das ist unentrinnbar, und diese Tatsache ist die erste, mit der auch der Sozialismus zu rechnen hat: die Notwendigkeit langjähriger fachlicher Schulung, immer weitergehender fachlicher Spezialisierung und einer Leitung durch ein derart gebildetes Fachbeamtentum. Anders ist die moderne Wirtschaft nicht zu leiten.

Insbesondere aber ist diese unentrinnbare universelle Bureaukratisierung dasjenige, was sich hinter einem der am häufigsten zitierten sozialistischen Schlagworte verbirgt — dem Schlagwort von der „Trennung des Arbeiters vom Arbeitsmittel". Was heißt das? Der Arbeiter sei — wird uns gesagt — „getrennt" von den sachlichen Mitteln, mit denen er produziere, und auf dieser Trennung beruhe die Lohnsklaverei, in der er sich befinde. Gedacht ist dabei an die Tatsache: daß im Mittelalter der Arbeiter Eigentümer der technischen Werkzeuge war, mit denen er produzierte, während ein moderner Lohnarbeiter das selbstverständlich weder ist noch sein kann, mag es nun ein Unternehmer oder der Staat sein, der das Bergwerk oder die betreffende Fabrik betreibt. Gedacht ist ferner daran: daß der Handwerker die Rohstoffe, die er verarbeitete, selbst einkaufte, während das heute beim Lohnarbeiter nicht der Fall ist und sein kann, und daß dementsprechend das Erzeugnis zwar im Mittelalter und jetzt noch überall dort, wo das Handwerk noch fortbesteht, zur freien Verfügung des einzelnen Handwerkers steht, der es auf dem Markte verkaufen und zu seinem eigenen Gewinn verwerten kann, während es bei der großen Unternehmung nicht zur Verfügung des Arbeiters, sondern desjenigen steht, der das Eigentum an diesen Betriebsmitteln hat, wiederum: mag das der Staat sein oder ein privater Unternehmer. Das ist wahr, aber eine Tatsache, die keineswegs nur dem wirtschaftlichen Produktionsprozeß eigentümlich ist. Es ist dasselbe, was wir z. B. auch innerhalb der Universität erleben. Der alte Dozent und Universitätsprofessor arbeiteten mit der Bibliothek und den technischen Mitteln, die sie selbst sich anschafften und machen ließen, und produzierten damit, z. B. die Chemiker, diejenigen Dinge, die zum wissenschaftlichen Betriebe erforderlich waren. Die Masse der heutigen Arbeitskräfte innerhalb des modernen Universitätsbetriebes, insbesondere die Assistenten der großen Institute, sind in dieser Hinsicht dagegen genau in der gleichen Lage wie irgendein Arbeiter. Sie können jederzeit gekündigt werden. Sie haben in den Räumen des Institutes kein anderes Recht als der Arbeiter in den Räumen der Fabrik. Sie müssen sich geradeso wie diese nach dem bestehenden Reglement halten. Sie haben kein Eigentum an den Stoffen oder Apparaten, Maschinen usw., die in einem chemischen oder physikalischen Institut, einer Anatomie oder Klinik gebraucht werden; diese sind vielmehr Staatseigentum, werden aber von dem Leiter des Institutes bewirtschaftet, der dafür die Gebühren bezieht, während der Assistent ein Einkommen erhält, das nicht wesentlich anders bemessen ist als das eines gelernten Arbeiters. Ganz das Gleiche finden wir auf dem Gebiete des Heerwesens. Der Ritter der Vergangenheit war Eigentümer seines Pferdes und seiner Rüstung. Er hatte sich auszurüsten und zu verpflegen. Die damalige Heeresverfassung beruhte auf dem Prinzip der Selbstequipierung. Sowohl in den antiken Städten als auch in den Ritterheeren des Mittelalters mußte man seinen Panzer, seine Lanze und sein Pferd selbst stellen und Proviant mitbringen. Das moderne Heer ist in dem Augenblick entstanden, wo die fürstliche Menage einsetzte, wo also der Soldat und der Offizier (der ja etwas anderes als ein anderer Beamter ist, der aber in diesem Sinne dem Beamten durchaus entspricht) nicht mehr Eigentümer der Kriegsbetriebsmittel waren. Darauf beruht ja der Zusammenhalt des modernen Heeres. Deshalb war es ja den russischen Soldaten so lange nicht möglich, aus den Schützengräben zu entkommen, weil dieser Apparat des Offizierskorps, der Intendantur- und der sonstigen Beamten vorhanden war und jedermann im Heere wußte, daß seine ganze Existenz, auch seine Ernährung, davon abhängig war, daß dieser Apparat funktionierte. Sie alle waren „getrennt" von den Kriegsbetriebsmitteln, ganz ebenso, wie der Arbeiter es von den Arbeitsmitteln ist. Ebenso wie ein Ritter stand ein Beamter der Lehenszeit, ein Vasall also, der mit der Verwaltungs- und Gerichtshoheit belehnt war. Er trug die Kosten der Verwaltung und Gerichtsbarkeit aus eigener Tasche und bezog dafür die Gebühren. Er war also im Besitze der

Verwaltungsbetriebsmittel. Der moderne Staat entsteht, indem der Fürst das in die eigene Menage nimmt, besoldete Beamte anstellt und damit die „Trennung" der Beamten von den Betriebsmitteln vollzieht. Überall also dasselbe: die Betriebsmittel sind innerhalb der Fabrik, der Staatsverwaltung, des Heeres und der Universitätsinstitute mittels eines bürokratisch gegliederten Menschenapparates konzentriert in den Händen dessen, der diesen Menschenapparat beherrscht. Das ist teils rein technisch, durch die Art der modernen Betriebsmittel: Maschinen, Geschütze usw. bedingt, teils aber einfach durch die größere Leistungsfähigkeit dieser Art des Zusammenwirkens von Menschen: durch die Entwicklung der „Disziplin", Heeres-, Amts-, Werkstatt- und Betriebsdisziplin. Jedenfalls aber ist es ein schwerer Irrtum, wenn diese Trennung des Arbeiters vom Betriebsmittel für etwas nur der Wirtschaft und vollends der *privaten* Wirtschaft Eigentümliches gehalten wird. An dem Grundtatbestand ändert sich ja gar nichts, wenn die Person des Herrn jenes Apparates geändert wird, wenn etwa ein staatlicher Präsident oder Minister statt eines privaten Fabrikanten über ihn verfügt. Die „Trennung" vom Betriebsmittel besteht in jedem Fall weiter. Solange es Bergwerke, Hochöfen, Eisenbahnen, Fabriken und Maschinen gibt, werden sie nie in dem Sinne Eigentum eines einzelnen oder mehrerer einzelner Arbeiter sein, wie die Betriebsmittel eines Handwerks im Mittelalter Eigentum eines einzelnen Zunftmeisters oder einer örtlichen Werkgenossenschaft oder Zunft waren. Das ist durch die Natur der heutigen Technik ausgeschlossen. —

Was heißt nun gegenüber dieser Tatsache *Sozialismus*? Das Wort ist, wie schon erwähnt, vieldeutig. Aber der Gegensatz zu Sozialismus, an den man gewöhnlich denkt, ist: privatwirtschaftliche Ordnung, d. h. ein Zustand, bei welchem die wirtschaftliche Bedarfsversorgung in den Händen privater Unternehmer liegt, sich also so vollzieht, daß diese Unternehmer sich durch Kaufverträge und Lohnverträge die sachlichen Betriebsmittel, Beamten und Arbeitskräfte beschaffen und daß sie dann auf eigene ökonomische Gefahr und in Erwartung eigenen Gewinns die Güter herstellen lassen und sie auf dem Markte verkaufen.

Diese Privatwirtschaftsordnung hat die sozialistische Theorie mit dem Schlagworte von der „Anarchie der Produktion" belegt, weil sie es darauf ankommen läßt, ob das Eigeninteresse der einzelnen Unternehmer an dem Absatze ihrer Produkte: das Interesse daran, Gewinn zu machen, so funktioniert, daß dadurch eine Versorgung derjenigen, die dieser Güter bedürfen, gewährleistet ist.

Die Frage nun, was innerhalb einer Gesellschaft unternehmungsmäßig, also privatwirtschaftlich und was nicht privatwirtschaftlich, sondern — in diesem weitesten Sinne des Wortes — sozialistisch, das heißt: planvoll organisiert, an Bedarf gedeckt wird, hat geschichtlich gewechselt.

Im Mittelalter haben beispielsweise Republiken wie Genua ihre großen Kolonialkriege auf Zypern durch Aktienkommanditgesellschaften, die sogenannten Maonen, führen lassen. Die schossen das nötige Geld zusammen, mieteten die entsprechenden Söldner, eroberten das Land, bekamen den Schutz der Republik und beuteten selbstverständlich das Land für ihre Zwecke als Plantagenland oder Steuerobjekt aus. Aehnlich hat die Ostindische Kompagnie Indien für England erobert und für sich ausgebeutet. Der Condottiere der spätitalienischen Renaissancezeit gehörte in die gleiche Kategorie. Er warb ebenso wie noch der letzte von ihnen: Wallenstein sein Heer auf seinen Namen und aus seinen Mitteln an, in seine Taschen floß auch ein Anteil der Beute, die das Heer machte, und natürlich pflegte er sich auszubedingen, daß von dem Fürsten oder König oder Kaiser an ihn eine bestimmte Summe als Entgelt für seine Leistung und für Deckung seiner Kosten abgeführt werde. In etwas weniger selbständiger Weise war auch noch im 18. Jahrhundert der Oberst ein Unternehmer, der seinerseits die Rekruten anzuwerben und zu kleiden hatte, zwar teilweise auf die Magazine des Fürsten angewiesen war, immer aber weitgehend auf eigene Gefahr und zu eigenem Gewinn wirtschaftete. Es galt also der privatwirtschaftliche Betrieb der Kriegsführung als ganz normal, was uns heute ungeheuerlich dünken würde.

Auf der andern Seite würde es keine mittelalterliche Stadt oder Zunft jemals für denkbar gehalten haben, daß man die Getreideversorgung der Stadt oder die Versorgung der Zunft mit den zu importierenden unentbehrlichen Rohstoffen für die Arbeit ihrer Meister einfach dem freien Handel überlassen könnte. Sondern von der Antike angefangen, im großen Maßstabe in Rom, hatte durch das ganze Mittelalter hindurch die Stadt dafür zu sorgen, nicht der freie Handel, der nur die Ergänzung war. Ungefähr so wie jetzt in den Zeiten der Kriegswirtschaft ein Zusammenarbeiten, eine „Durchstaatlichung", wie das jetzt gern genannt wird, breiter Zweige der Wirtschaft vorhanden ist.

Das Charakteristische unserer heutigen Situation ist nun, daß die Privatwirtschaft, verbunden mit privater bürokratischer Organisation und also mit Trennung des Arbeiters von den Betriebsmitteln, ein Gebiet beherrscht, welches diese beiden Züge gemeinsam noch niemals in diesem Umfange in der Weltgeschichte getragen hat: das ist die *gewerbliche* Produktion, und daß dieser Prozeß zusammenfällt mit der Schaffung der maschinellen Produktion innerhalb der Fabrik, also mit einer örtlichen Zusammenhäufung von Arbeitskräften innerhalb einer und derselben Räumlichkeit, Gebundenheit an die Maschine und gemeinsamer Arbeits*disziplin* innerhalb des Maschinensaales oder Bergwerkes. Die Disziplin erst gibt der heutigen Art der

"Trennung" des Arbeiters von den Arbeitsmitteln ihre spezifische Note.

Aus dieser Lebenslage, aus der Fabriks*disziplin* heraus, ist der moderne Sozialismus geboren. Ueberall, zu allen Zeiten und in allen Ländern der Erde hat es Sozialismus von den verschiedensten Arten gegeben. Der moderne Sozialismus in seiner Eigenart ist nur auf diesem Boden möglich.

Diese Unterworfenheit unter die Arbeitsdisziplin ist für die gewerblichen Arbeiter deshalb so außerordentlich fühlbar, weil im Gegensatz etwa zu einer Sklavenplantage oder einem Fronhof der moderne gewerbliche Betrieb auf einem außerordentlich scharfen *Auslese*prozeß ruht. Ein heutiger Fabrikant stellt nicht jeden beliebigen Arbeiter, nur weil er etwa zu einem billigen Lohne arbeiten wollte, ein. Sondern er stellt den Mann im Akkordlohn an die Maschine und sagt: „So, jetzt arbeite, ich werde sehen, wie viel du verdienst"; und wenn der Mann sich nicht imstande zeigt, einen bestimmten Mindestlohn zu verdienen, so wird ihm gesagt: „Es tut uns leid, Sie sind für diesen Beruf nicht begabt, wir können Sie nicht brauchen." Er wird ausgeschieden, weil die Maschine nicht voll ausgenützt wird, wenn an ihr nicht ein Mann steht, der sie voll auszunützen versteht. So oder ähnlich verläuft das überall. Jeder moderne gewerbliche Betrieb im Gegensatze zu jedem Sklavenbetrieb der Antike, wo der Herr an die Sklaven gebunden war, die er hatte, — wenn einer von ihnen starb, so war das ein Kapitalsverlust für ihn — beruht auf diesem Prinzip der Auslese, und diese Auslese wird auf der andern Seite auf das außerordentlichste verschärft durch die Konkurrenz der Unternehmer untereinander, welche den einzelnen Unternehmer an bestimmte Lohnmaxima bindet: der Zwangsläufigkeit der Disziplin entspricht die Zwangsläufigkeit des Verdienstes der Arbeiter.

Wenn heute der Arbeiter zu dem Unternehmer kommt und sagt: „Wir können mit diesen Löhnen nicht existieren und du könntest uns mehr zahlen", so ist der Unternehmer in neun von zehn Fällen — ich meine in Friedenszeiten und in den Branchen, in denen wirklich scharf konkurriert wird — in der Lage, den Arbeitern aus seinen Büchern nachzuweisen: das geht nicht; der Konkurrent zahlt die und die Löhne; zahle ich euch auf den Kopf nur so und so viel mehr, so verschwindet aus meinen Büchern jeder Gewinn, den ich den Aktionären zahlen könnte, ich könnte den Betrieb nicht fortfahren, denn ich bekäme keinen Kredit von der Bank. Damit sagt er recht oft nur die nackte Wahrheit. Dazu tritt schließlich noch, daß unter dem Drucke der Konkurrenz die Rentabilität davon abhängt, daß möglichst viel Menschenarbeit und möglichst solche der höchstgelohnten, für den Betrieb teuersten Art durch neue, arbeitsparende Maschinen ausgeschaltet, also „gelernte" Arbeiter durch „ungelernte" oder durch unmittelbar an der Maschine „angelernte" Arbeiter ersetzt werden. Das ist unvermeidlich und vollzieht sich fortwährend.

Das alles ist nun das, was der Sozialismus als „Herrschaft der Dinge über den Menschen", das soll heißen: der Mittel über den Zweck (die Bedarfsdeckung) auffaßt. Er sieht, daß, während man in der Vergangenheit Einzelpersonen hatte, die man für das Schicksal des Klienten, Hörigen oder Sklaven verantwortlich machen konnte, man das heute nicht kann. Deshalb wendet er sich nicht gegen Personen, sondern gegen die Ordnung der Produktion als solche. Ein jeder wissenschaftlich geschulte Sozialist wird es bedingungslos ablehnen, einen einzelnen Unternehmer für das Lebensschicksal, welches dem Arbeiter bereitet wird, verantwortlich zu machen, und wird sagen: das liegt an dem System, an der Zwangslage, in die alle Beteiligten, der Unternehmer wie der Arbeiter, sich gestellt finden. —

Was wäre denn nun aber, positiv gewendet, gegenüber diesem System der Sozialismus? Im weitesten Sinne des Wortes das, was man auch mit „Gemeinwirtschaft" zu bezeichnen pflegt. Also eine Wirtschaft, bei der, erstens, der Profit fehlte: der Zustand also, daß die privaten Unternehmer auf ihre eigene Rechnung und Gefahr die Produktion leiten. Statt dessen läge sie in der Hand von Beamten eines Volksverbandes, der die Leitung übernähme, nach Gesichtspunkten, von denen gleich die Rede sein wird. Zweitens fehlte infolgedessen die sogenannte Anarchie der Produktion, d. h. die Konkurrenz der Unternehmer untereinander. Es ist nun jetzt, namentlich in Deutschland, sehr viel davon die Rede, daß man eigentlich infolge des Krieges schon mitten in der Entwicklung einer solchen „Gemeinwirtschaft" stecke. Angesichts dessen sei nun in Kürze darauf hingewiesen, daß eine organisierte Wirtschaft eines Einzelvolkes in der Art ihrer Organisation zwei prinzipiell verschiedene Prinzipien zugrundelegen könnte. Erstens dasjenige, was man heute als „Durchstaatlichung" bezeichnet und was allen Herren, die in Kriegsbetrieben arbeiten, zweifellos bekannt ist. Sie beruht auf einem Zusammenwirken der zusammengeschlossenen Unternehmerschaft einer Branche mit staatlichen, sei es nun militärischen oder zivilen Beamten. Rohstoffbeschaffung, Kreditbeschaffung, Preise, Kundschaft können dabei weitgehend planvoll reguliert werden, es kann Beteiligung des Staates am Gewinn und an der Beschlußfassung dieser Syndikate stattfinden. Man glaubt nun: der Unternehmer werde dann von diesen Beamten beaufsichtigt und die Produktion vom Staate beherrscht. Man habe also damit schon den „wahren", „eigentlichen" Sozialismus oder sei auf dem Wege zu ihm. In Deutschland besteht aber gegen diese Theorie ein weitgehender Skeptizismus. Ich will es dahingestellt sein lassen, wie es während des Krieges ist. Jedermann aber, der rechnen kann, weiß, daß im Frieden nicht so weitergewirtschaftet werden könnte wie jetzt, wenn wir nicht dem Ruin entgegengehen sollen, und daß im Frieden eine solche Durchstaatlichung, d. h. eine

Zwangskartellierung der Unternehmer jeder Branche und die Teilnahme des Staates an diesen Kartellen mit einem Gewinnanteil gegen Einräumung eines weitgehenden Kontrollrechtes in Wirklichkeit nicht etwa die Beherrschung der Industrie durch den Staat, sondern die Beherrschung des Staates durch die Industrie bedeuten würde. Und zwar in einer sehr unangenehmen Art. Innerhalb der Syndikate säßen die Staatvertreter mit den Fabrikherren an einem Tisch, die ihnen an Branchenkunde, kaufmännischer Schulung und Eigeninteressiertheit weit überlegen wären. Innerhalb des Parlamentes aber säßen die Arbeitervertreter und würden das Verlangen stellen, daß jene Staatsvertreter für hohe Löhne einerseits, für billige Preise andererseits sorgen müßten: die Macht, es zu tun, — würden sie sagen — hätten sie ja. Anderseits wieder: um seine Finanzen nicht zu ruinieren, wäre der Staat, der am Gewinn und Verlust eines solchen Syndikates beteiligt wäre, natürlich interessiert an hohen Preisen und niedrigen Löhnen. Und die privaten Mitglieder der Syndikate schließlich würden von ihm erwarten: daß er ihnen die Rentabilität ihrer Betriebe garantiert. In den Augen der Arbeiterschaft würde ein solcher Staat also als ein Klassenstaat im eigentlichsten Sinn des Wortes erscheinen und ich zweifle, ob das politisch wünschenswert ist; noch mehr aber zweifle ich, ob man klug täte, jetzt den Arbeitern diesen Zustand als den eigentlich „wahren" Sozialismus hinzustellen, was ja gewiß verführerisch nahe zu liegen scheint. Denn die Arbeiter würden sehr bald die Erfahrung machen: Das Schicksal des Arbeiters, der in einem Bergwerk arbeitet, ändert sich in gar keiner Weise, ob nun dieses Bergwerk ein privates oder ein staatliches ist. In den Saar-Kohlengruben ist der Lebensgang eines Arbeiters ganz derselbe wie auf einer privaten Zeche: wenn die Zeche schlecht geleitet ist, also sich schlecht rentiert, dann geht es auch den Leuten schlecht. Aber der Unterschied ist, daß gegen den Staat kein Streik möglich ist, daß also die Abhängigkeit des Arbeiters bei dieser Art von Staatssozialismus ganz wesentlich gesteigert ist. Das ist einer der Gründe, warum die Sozialdemokratie dieser „Durchstaatlichung" der Wirtschaft, dieser Form des Sozialismus im allgemeinen ablehnend gegenübersteht. Sie ist eine Kartellierungs-Gemeinschaft. Maßgebend ist nach wie vor der Profit; die Frage: was verdienen die einzelnen Unternehmer, die zu dem Kartell zusammengeschlossen sind und deren einer nun der Staatsfiskus geworden ist, bleibt bestimmend für die Richtung, in der die Wirtschaft betrieben wird. Und das Peinliche wäre: während jetzt das staatlich-politische und privatwirtschaftliche Beamentum (der Kartelle, Banken, Riesenbetriebe) als getrennte Körper nebeneinander stehen und man daher durch die politische Gewalt die wirtschaftliche immerhin im Zaum halten kann, wären dann beide Beamtenschaften ein einziger Körper mit solidarischen Interessen und gar nicht mehr zu kontrollieren. Jedenfalls aber: der Profit als Wegweiser der Produktion wäre nicht beseitigt. Der Staat aber als solcher würde nun den Haß der Arbeiter, der heut den Unternehmern gilt, mit zu tragen haben.

Den prinzipiellen Gegensatz dazu könnte in der letztgenannten Hinsicht nur etwa eine Konsumentenorganisation bilden, welche fragte: welche *Bedürfnisse* sollen innerhalb dieses staatlichen Wirtschaftsgebietes gedeckt werden? Sie wissen wohl, daß zahlreiche Konsumvereine, namentlich in Belgien, dazu übergegangen sind, eigene Fabriken zu gründen. Dächte man sich das verallgemeinert und in die Hand einer staatlichen Organisation gelegt, so wäre das eine vollständig und grundsätzlich andere Art: ein Konsumentensozialismus — von dem man heute nur noch nicht im geringsten weiß, wo man die Leiter hernehmen sollte, und von dem es ganz im Dunklen liegt, wo die Interessenten sein sollten, um ihn jemals ins Leben zu rufen. Denn die Konsumenten als solche sind nach allen Erfahrungen nur sehr beschränkt organisationsfähig. Leute, die ein bestimmtes Erwerbsinteresse haben, sind sehr leicht zusammenzuschließen, wenn man ihnen zeigt, daß sie durch diesen Zusammenschluß einen Profit erzielen oder die Rentabilität garantiert bekommen; darauf beruht die Möglichkeit, einen solchen Unternehmer-Sozialismus, wie ihn die „Durchstaatlichung" darstellt, zu schaffen. Es ist dagegen außerordentlich schwer, Leute, die weiter nichts miteinander gemeinsam haben, als daß sie eben einkaufen oder sich versorgen wollen, zusammenzuschließen, weil die ganze Situation des Einkäufers der Sozialisierung im Wege steht; hat doch selbst die Aushungerung jetzt, in Deutschland wenigstens, die Hausfrauen der Masse der Bevölkerung nicht oder nur sehr schwer dazu vermocht, Kriegsküchen-Essen, welches jeder vorzüglich zubereitet und schmackhaft fand, an Stelle ihrer dilettantischen Einzelkocherei anzunehmen, obwohl es ungleich billiger war. —

Dies vorausgeschickt, komme ich schließlich zu der Art von Sozialismus, mit der heute die sozialistischen Massenparteien, so wie sie sind, also die sozialdemokratischen Parteien, programmatisch verbunden sind. Das grundlegende Dokument dieses Sozialismus ist das Kommunistische Manifest vom Jahre 1847, publiziert und verbreitet im Jänner 1848, von Karl Marx und Friedrich Engels. Dieses Dokument ist in seiner Art, sosehr wir es in entscheidenden Thesen ablehnen (wenigstens tue *ich* das) eine wissenschaftliche Leistung ersten Ranges. Das läßt sich nicht leugnen, das darf auch nicht geleugnet werden, weil es einem niemand glaubt und weil es mit gutem Gewissen nicht geleugnet werden kann. Es ist selbst in den Thesen, die wir heute ablehnen, ein geistvoller Irrtum, der politisch sehr weitgehende und vielleicht nicht immer angenehme Folgen gehabt hat, der aber für die Wissenschaft sehr befruchtende Folgen gebracht hat, befruchtendere Folgen als oft eine geistlose Korrektheit. Vom Kommunistischen Manifest ist nun von vornherein eines zu sagen: es enthält sich, wenigstens der Absicht, nicht immer der Ausführung nach, des Moralisierens. Es fällt den Urhebern des

Kommunistischen Manifestes, wenigstens ihrer Behauptung nach — in Wirklichkeit sind es Menschen gewesen, die sehr leidenschaftlich waren und die sich keineswegs immer daran gehalten haben — gar nicht ein, über die Schlechtigkeit und Niedertracht der Welt zu zetern. Sie sind auch nicht der Meinung, daß es ihre Aufgabe sei, zu sagen: Das und das ist in der Welt so eingerichtet, es müßte anders, und zwar so und so eingerichtet sein. Sondern das Kommunistische Manifest ist ein prophetisches Dokument; es *prophezeit* den Untergang der privatwirtschaftlichen, wie man zu sagen pflegt: der kapitalistischen Organisation der Gesellschaft und prophezeit den Ersatz dieser Gesellschaft zunächst — als Uebergangsstadium — durch eine Diktatur des Proletariats. Hinter diesem Uebergangszustand aber steht dann die eigentliche Endhoffnung: das Proletariat *kann* sich selbst aus der Knechtschaft nicht befreien, ohne *aller* Herrschaft des Menschen über den Menschen ein Ende zu machen. Das ist die eigentliche Prophezeiung, der Kernsatz des Manifestes, ohne den es nie geschrieben wäre und ohne den es nie „Assoziation der Induviduen", wie es heißt, überführen wird: diese Prophezeiung in Erfüllung? Das ist in einem Hauptpunkt im Manifest ausgesprochen: das Proletariat, die Masse der Arbeiterschaft wird sich durch ihre Führer zunächst der politischen Macht bemächtigen. Aber das ist ein Uebergangszustand, der zu einer „Association der Individuen", wie es heißt, überführen wird: diese ist also der Endzustand.

Wie diese Assoziation aussehen wird, darüber schweigt das Kommunistische Manifest, darüber schweigen sämtliche Programme sämtlicher sozialistischer Parteien. Wir erhalten die Auskunft, daß man das nicht wissen könne. Man könne nur sagen: diese jetzige Gesellschaft ist zum Untergange verurteilt, sie wird untergehen kraft Naturgesetzes, sie wird abgelöst werden, zunächst durch die Diktatur des Proletariats. Aber das, was dann komme, darüber lasse sich noch nichts voraussagen, außer: Fehlen der Herrschaft von Mensch über Mensch.

Welche Gründe werden nun für den naturgesetzlich unvermeidlichen Untergang der gegenwärtigen Gesellschaft angeführt? Denn streng naturgesetzlich vollzieht sie sich: das war der zweite Kernsatz dieser pathetischen Prophetie, welcher ihr den jubelnden Glauben der Massen zuführte. Engels gebraucht einmal das Bild: daß ebenso, wie seinerzeit der Planet Erde in die Sonne stürzen werde, ebenso diese kapitalistische Gesellschaft zum Untergange verurteilt sei. Welche Gründe werden dafür angeführt?

Der erste ist: Eine Gesellschaftsklasse wie das Bürgertum, worunter in erster Linie immer die Unternehmer und alle diejenigen, die mit ihnen direkt oder indirekt in Interessengemeinschaft leben, verstanden werden, eine solche herrschende Klasse kann nur dann ihre Herrschaft behaupten, wenn sie der unterworfenen Klasse — das sind die Lohnarbeiter — wenigstens die nackte Existenz garantieren kann. Das war bei der Sklaverei der Fall, meinen die Verfasser, das war so auch bei der Fronhofverfassung usw. Da hatten die Leute wenigstens die nackte Existenz gesichert und deshalb konnte sich die Herrschaft halten. Das kann aber die moderne Bourgeoisie nicht leisten. Und zwar kann sie es deshalb nicht, weil die Konkurrenz der Unternehmer sie zwingt, sich immer weiter zu unterbieten und immer wieder durch Schaffung neuer Maschinen Arbeiter brotlos auf das Pflaster zu werfen. Sie müssen eine breite Schicht von Arbeitslosen – die sogenannte „industrielle Reservearmee" — zur Verfügung haben, aus der sie die geeigneten Arbeiter in jedem Augenblicke in beliebig großer Zahl für ihre Betriebe auslesen können, und eben diese Schicht schafft die zunehmende maschinelle Automatisierung. Die Folge ist aber – so glaubte noch das Kommunistische Manifest — daß eine stetig wachsende

Klasse von ständig Arbeitslosen, von „paupers" erscheint und das Existenzminimum unterbietet, so daß die Proletarierschicht nicht einmal die nackte Lebensexistenz von dieser Gesellschaftsordnung gewährleistet bekommt. Wo das aber der Fall ist, wird eine Gesellschaft unhaltbar, d. h. irgendwann bricht sie im Wege einer Revolution zusammen.

Diese sogenannte Verelendungstheorie ist in *dieser* Form heute ausdrücklich und ausnahmslos von allen Schichten der Sozialdemokratie als unrichtig aufgegeben. Es ist bei der Jubiläumsausgabe des Kommunistischen Manifests von ihrem Herausgeber Karl Kautsky ausdrücklich zugestanden worden, daß die Entwicklung einen anderen Weg und nicht diesen gegangen sei. Die These wird in anderer, umgedeuteter Form aufrechterhalten, die, beiläufig bemerkt, ebenfalls nicht unbestritten ist, jedenfalls aber den früheren pathetischen Charakter abgestreift hat. — Aber wie dem sei, worauf beruhen die Chancen des *Gelingens* der Revolution? Könnte sie nicht zu stets neuem Mißerfolg verurteilt sein?

Damit kommen wir zu dem zweiten Argument: Die Konkurrenz der Unternehmer untereinander bedeutet den Sieg des durch Kapital und durch kaufmännische Fähigkeiten, vor allem aber: durch Kapital Stärkeren. Das bedeutet eine immer kleiner werdende Zahl von Unternehmern, da die schwächeren eliminiert werden. Je kleiner diese Zahl der Unternehmer wird, desto größer wird, relativ und absolut, die Zahl des Proletariates. Irgendwann aber ist die Zahl dieser Unternehmer so zusammengeschrumpft, daß es für sie unmöglich ist, ihre Herrschaft aufrecht zu erhalten, und dann wird man diese „Exproprateure" vielleicht ganz friedlich und in aller Höflichkeit — sagen wir: gegen eine Leibrente — exproprieren können, denn sie werden sehen, daß der Boden unter ihren Füßen so heiß geworden ist, daß sie so wenige geworden sind, daß sie ihre Herrschaft nicht behaupten können.

Diese These wird auch heute, wenn schon in modifizierter Form, aufrechterhalten. Es hat sich aber gezeigt, daß sie, wenigstens heute, in keiner Form *allgemein* richtig ist. Erstens ist sie nicht richtig für die Landwirtschaft, wo im Gegenteil sehr vielfach eine stärkere Zunahme des Bauerntums eingetreten ist. Und ferner: nicht unrichtig, aber in ihren Konsequenzen anders als erwartet, erweist sie sich für breite Zweige des Gewerbes, wo es sich zeigt, daß das einfache Zusammenschrumpfen der Unternehmer auf eine kleinere Zahl den Vorgang nicht erschöpft. Die Eliminierung der Kapitalschwachen vollzieht sich in der Form ihrer Unterwerfung unter Finanzierungskapital, Kartell- oder Trustorganisationen. Begleiterscheinung dieser sehr verwickelten Vorgänge ist aber zunächst die rapide Zunahme der „Angestellten", also der privatwirtschaftlichen *Bürokratie* — sie nimmt statistisch vielfach schneller zu als die Arbeiter — deren Interessen durchaus nicht eindeutig nach der Seite einer proletarischen Diktatur hin liegen. Dann aber: die Schaffung höchst mannigfacher Interessenbeteiligungen von so komplizierter Art, daß man zur Zeit durchaus nicht behaupten kann: die Zahl und Macht der direkten und indirekten Interessenten der bürgerlichen Ordnung sei im Abnehmen begriffen. Jedenfalls stehen die Dinge vorerst nicht so, daß man bestimmt versichern könnte: künftig wird nur ein halbes Dutzend oder ein paar Hundert oder Tausend von Kapitalsmagnaten isoliert Millionen und Abermillionen von Proletariern gegenüberstehen.

Das Dritte endlich war die Rechnung auf die Wirkungen der Krisen. Weil die Unternehmer miteinander konkurrieren – und nun kommt eine wichtige, aber verwickelte Auseinandersetzung in den klassischen sozialistischen Schriften, die ich Ihnen hier ersparen muß — so sei es unvermeidlich, daß immer wieder

Zeiten der Ueberproduktion eintreten, die abgelöst werden von Bankerotten, Zusammenbrüchen und sogenannten „Depressionen". Diese Zeiten folgen — das hat Marx im Kommunistischen Manifest nur angedeutet, später aber ist es zu einer eingehend ausgebauten Theorie geworden — in fester Periodizität gesetzmäßig aufeinander. Tatsächlich hat während fast eines Jahrhunderts eine annähernde Periodizität solcher Krisen bestanden. Woher das kam, darüber sind selbst die ersten Gelehrten unseres Faches noch nicht vollständig einig, deshalb wäre es ganz ausgeschlossen, das jetzt hier zu besprechen.

Auf diese Krisen baute nun der klassische Sozialismus seine Hoffnung. Vor allem darauf, daß diese Krisen naturgesetzlich an Intensität und an zerstörender, beängstigende Revolutionsstimmung hervorbringender Gewalt zunehmen, sich häufen und vermehren und irgendwann eine solche Stimmung erzeugen würden, daß die Aufrechterhaltung dieser Wirtschaftsordnung selbst innerhalb der nicht proletarischen Kreise nicht mehr versucht werden würde.

Diese Hoffnung ist heute im wesentlichen aufgegeben. Denn die Krisengefahr ist zwar durchaus nicht geschwunden, hat sich aber an relativer Bedeutung vermindert, seit die Unternehmer von rücksichtsloser Konkurrenz zur Kartellierung geschritten sind, seit sie also dazu übergegangen sind, durch Regulierung der Preise und des Absatzes die Konkurrenz weitgehend auszuschalten und seitdem ferner die großen Banken, z. B. auch die deutsche Reichsbank, dazu geschritten sind, durch Regulierung der Kreditgewährung dafür zu sorgen, daß auch die Ueberspekulationsperioden in wesentlich schwächerem Maße als früher eintreten. Also auch diese dritte Hoffnung des Kommunistischen Manifestes und seiner Nachfolger hat sich — man kann nicht sagen: „nicht bewährt", wohl aber in ihren Voraussetzungen ziemlich stark verschoben.

Die sehr pathetischen Hoffnungen, die im Kommunistischen Manifest auf einen Zusammenbruch der bürgerlichen Gesellschaft gesetzt waren, sind daher durch sehr viel nüchternere Erwartungen ersetzt worden. Dahin gehört erstens die Theorie, daß der Sozialismus ganz von selbst im Wege der Evolution komme, weil sich die Produktion der Wirtschaft zunehmend „sozialisiere". Darunter wird dann verstanden: daß an Stelle der Person des einzelnen Unternehmers die Aktiengesellschaft mit den angestellten Leitern tritt, daß Staatsbetriebe, Kommunalbetriebe, Betriebe von Zweckverbänden errichtet werden, die nicht mehr auf dem Risiko und Profit eines einzelnen oder überhaupt eines privaten Unternehmers ruhen wie früher. Das ist zutreffend, wenn schon hinzugefügt werden muß, daß hinter der Aktiengesellschaft sich sehr oft ein Finanzmagnat oder mehrere verbergen, die die Generalversammlung beherrschen: jeder Aktienbesitzer weiß, daß er kurz vor der Generalversammlung eine Zuschrift seiner Bank bekommt, worin sie ihn bittet, ihr das Stimmrecht dieser Aktie zu übertragen, wenn er nicht selbst kommen und abstimmen will, was für ihn gegenüber einem Kapital von Millionen von Kronen ja gar keinen Zweck hat. Vor allem aber bedeutet diese Art der Sozialisierung einerseits eine Vermehrung des *Beamten*tums, der spezialistisch kaufmännisch oder technisch vorgebildeten Angestellten, andererseits aber eine Vermehrung des *Rentner*tums, der Schicht also, die nur Dividenden und Zinsen bezieht, nicht, wie der Unternehmer, geistige Arbeit dafür leistet, die aber mit all ihren Einkommensinteressen an der kapitalistischen Ordnung engagiert ist. In den öffentlichen und Zweckverbandsbetrieben aber herrscht erst recht und ganz ausschließlich der *Beamte*, nicht der Arbeiter, der hier ja mit einem Streik schwerer etwas ausrichtet als gegen Privatunternehmer. Die Diktatur des Beamten, nicht die des Arbeiters, ist es, die — vorläufig jedenfalls — im Vormarsch begriffen ist.

Das Zweite ist die Hoffnung, daß die Maschine, indem sie das alte Spezialistentum, den gelernten Handwerker und jene hochgelernten Arbeiter, wie sie die alten englischen Gewerkschaften, die Trade Unions, füllten, durch ungelernte Arbeiter ersetze und also jeden Beliebigen fähig mache, an jeder Maschine zu arbeiten, eine solche Einheit der Arbeiterklasse herbeiführen werde, daß die alte Spaltung in verschiedene Berufe aufhören, das Bewußtsein dieser Einheit übermächtig werden und dem Kampf gegen die Klasse der Besitzenden zugutekommen würde. Darauf ist die Antwort nicht ganz einheitlich. Es ist richtig, daß die Maschine in sehr weitgehendem Maße gerade die hochbezahlten und gelernten Arbeiter zu ersetzen trachtet, denn selbstverständlich sucht jede Industrie gerade solche Maschinen einzuführen, welche die am schwersten zu beschaffenden Arbeiter ersetzt. Die am häufigsten zunehmende Schicht innerhalb der heutigen Industrie sind die sogenannten „angelernten" Arbeiter, also nicht die im alten Wege durch besonderen Lehrgang eingeschulten gelernten Arbeiter, sondern diejenigen Arbeiter, die unmittelbar an die Maschine gestellt und dort angelernt werden. Immerhin sind auch sie oft noch in weitem Maß Spezialisten. Bis z.B. ein angelernter Weber das Höchstmaß der Gelerntheit erreicht, also die Maschine im Höchstmaß für den Unternehmer ausnützt und selbst den Höchstlohn verdient, vergehen immerhin einige Jahre. Gewiß: bei anderen Kategorien von Arbeitern ist die typische normale Anlernezeit ganz wesentlich geringer als bei der hier angezogenen. Immerhin bedeutet diese Zunahme der angelernten Arbeiter zwar eine fühlbare Abschwächung, aber doch noch keine Beseitigung der Berufsspezialisierung. Und auf der anderen Seite steigert sich die Berufsspezialisierung und das Erfordernis der Fachschulung bei allen innerhalb der Produktion *über* der Arbeiterschicht stehenden Schichten bis hinab zum Vorarbeiter und Werkführer und es steigert sich zugleich die relative Zahl der zu dieser Schicht gehörenden Personen. Richtig ist: auch sie sind „Lohnsklaven". Aber meist nicht im Akkord-

oder Wochenlohn, sondern im festen Gehalt. Und vor allem: selbstverständlich haßt der Arbeiter den Werkmeister, der ihm stets auf dem Leder kniet, viel mehr als den Fabrikanten und den Fabrikanten wieder mehr als den Aktionär, obwohl doch der Aktionär derjenige ist, der wirklich arbeits*loses* Einkommen bezieht, während der Fabrikant sehr starke geistige Arbeit zu leisten hat und der Werkmeister dem Arbeiter noch weit näher steht. Das ist eine Sache, die auch beim Militär vorkommt: im allgemeinen ist der Korporal derjenige, der die stärksten Antipathien auf sich zieht, mindestens die Chancen dazu hat, soviel ich habe beobachten können. Jedenfalls ist die Entwicklung der Gesamtschichtung weit davon entfernt, eindeutig proletarisch zu sein.

Und endlich argumentiert man mit der zunehmenden Standardisierung, d.h. Vergleichmäßigung der Produktion. Ueberall scheint alles — und namentlich der Krieg fördert das ungemein — einer immer größeren Gleichmäßigkeit und Auswechselbarkeit der Produkte und einer immer weitergehenden Schematisierung der Geschäfte zuzustreben. Nur in der obersten Schicht der Unternehmer, aber auch hier stetig abnehmend, herrscht — sagt man — noch der alte freie Pioniergeist des bürgerlichen Unternehmertums der Vergangenheit. Folglich steigt ständig — so wird weiter argumentiert — die Möglichkeit, diese Produktion zu lenken, auch ohne die spezifischen Unternehmerqualitäten zu besitzen, von denen die bürgerliche Gesellschaft behauptet, daß sie für den Betrieb unentbehrlich seien. Das gelte namentlich für die Kartelle und Trusts, die ein riesiges Beamtenpersonal an die Stelle von Einzelunternehmern gesetzt haben. Das ist wieder ganz richtig. Aber wieder nur mit dem gleichen Vorbehalte, daß auch durch diese Standardisierung die Bedeutung einer Schichte gefördert wird, eben: der schon oft erwähnten Beamtenschichte, die in ganz bestimmter Art *gebildet* sein muß und die deshalb — das ist nun ergänzend hinzuzufügen

— einen ganz bestimmten *ständischen* Charakter trägt. Es ist kein Zufall, daß wir überall die Handelshochschulen, die Gewerbeschulen, die technischen Fachschulen wie Pilze aus der Erde sprießen sehen. Dabei spielt, zum mindesten in Deutschland, der Wunsch mit, auf diesen Schulen in eine Couleur einzutreten, sich Schmisse ins Gesicht hauen zu lassen, satisfaktionsfähig und damit reserveoffiziersfähig zu werden und nachher im Kontor eine Vorzugschance auf die Hand der Tochter des Chefs zu haben: also sich zu assimilieren mit den Schichten der sogenannten „Gesellschaft". Nichts liegt dieser Schichte ferner als die Solidarität mit dem Proletariat, von dem sie sich ja vielmehr gerade zunehmend zu unterscheiden trachtet. In verschieden starkem, aber in sichtbarem Maße gilt Aehnliches auch von vielen Unterschichten dieser Angestellten. Alle streben nach mindestens ähnlichen *ständischen* Qualitäten, sei es für sich selbst oder für ihre Kinder. Eine *eindeutige* Tendenz zur Proletarisierung ist heute nicht festzustellen.

Wie dem nun aber sei, jedenfalls zeigen schon diese Argumente, daß die alte revolutionäre Katastrophenhoffnung, die dem Kommunistischen Manifest seine hinreißende Gewalt verlieh, einer evolutionistischen Auffassung gewichen ist, einer Auffassung also von dem allmählichen Hineinwachsen der alten Wirtschaft mit ihren massenhaften konkurrierenden Unternehmern in eine regulierte Wirtschaft, sei es, daß diese von Beamten des Staates oder durch Kartelle unter Beteiligung von Beamten reguliert ist. Dies, nicht mehr die durch Konkurrenz und Krisen zusammenschmelzenden Einzelunternehmer, erscheint jetzt als die Vorstufe der eigentlichen sozialistischen, herrschaftslosen Gesellschaft. Diese evolutionistische Stimmung, die von dieser langsamen Umbildung die Entwicklung zur sozialistischen Zukunftsgesellschaft erwartet, war vor dem Krieg tatsächlich in der Meinung der Gewerkschaften und auch bei vielen Intellektuellen unter den Sozialisten an die Stelle der alten

Katastrophentheorie getreten. Daraus sind die bekannten Konsequenzen gezogen worden. Der sogenannte „Revisionismus" entstand. Seine eigenen Führer sind sich wenigstens zum Teil bewußt gewesen, wie schwerwiegend der Schritt war, den Massen jenen Glauben an die plötzlich hereinbrechende glückliche Zukunft zu nehmen, den ihnen ein solches Evangelium gab, welches ihnen wie den alten Christen sagte: Heute nacht noch kann das Heil kommen. Man kann ein Glaubensbekenntnis, wie es das Kommunistische Manifest und die spätere Katastrophentheorie war, wohl entthronen, aber es ist dann schwer möglich, es durch ein anderes zu ersetzen. Indessen über diese Auseinandersetzung in diesem aus Gewissensbedenken gegen den orthodoxen Glauben mit der alten Orthodoxie entstandenen Streit ist die Entwicklung längst hinweggegangen. Er verquickte sich mit der Frage: ob und wieweit die Sozialdemokratie als Partei „praktische Politik" in dem Sinne treiben sollte, daß sie Koalitionen mit bürgerlichen Parteien einginge, an der politisch verantwortlichen Leitung durch Uebernahme von Ministerstellen sich beteiligte und so die jetzige Lebenslage der Arbeiter zu verbessern trachtete — oder ob das ein „Verrat an der Klasse" und eine politische Ketzerei sei, wie der überzeugte Katastrophenpolitiker selbstverständlich es ansehen mußte. Aber inzwischen sind andere prinzipielle Fragen aufgetaucht und an diesen spalten sich die Geister. Nehmen wir einmal an, daß im Wege einer allmählichen Evolutionierung, also der allgemeinen Durchkartellierung, Standardisierung und Verbeamtung die Wirtschaft sich so gestaltete, daß irgendwann die technische Möglichkeit gegeben wäre, daß an die Stelle der heutigen unternehmungsweisen Privatwirtschaft und also des Privateigentums an den Produktionsmitteln eine den Unternehmer ganz ausschaltende Regulierung treten könnte. *Wer* soll es dann sein, der diese neue Wirtschaft übernehmen und kommandieren würde? Darüber hat sich das Kommunistische

Manifest ausgeschwiegen oder es hat sich vielmehr sehr vieldeutig ausgedrückt.

Wie soll jene „Assoziation" aussehen, von der es spricht? Was hat insbesondere der Sozialismus an Keimzellen solcher Organisationen aufzuweisen, für den Fall, daß ihm tatsächlich die Chance in die Hand fiele, einmal die Macht an sich zu reißen und nun nach seinem Belieben zu schalten? Im Deutschen Reiche und wohl überall hat er zwei Kategorien von Organisationen. Erstens die politische Partei der Sozialdemokratie mit ihren Abgeordneten, angestellten Redakteuren, Parteibeamten und Vertrauensmännern und den lokalen und zentralen Verbänden, von denen diese gewählt oder angestellt werden. Zweitens die Gewerkschaften. Jede dieser beiden Organisationen kann nun *sowohl* revolutionären wie evolutionistischen Charakter annehmen. Und darnach, welchen Charakter sie haben und welcher ihnen für die Zukunft zugedacht und gewünscht wird, scheiden sich die Geister.

Gehen wir von der revolutionären Hoffnung aus, so stehen sich da zwei Ansichten gegenüber. Die erste war die des normalen Marxismus, die auf der alten Tradition des Kommunistischen Manifestes stand. Sie erwartete alles von der *politischen* Diktatur des Proletariates und glaubte als dessen Träger meist die unvermeidlich auf den *Wahl*kampf zugeschnittene politische *Partei*organisation ansehen zu müssen. Die Partei oder ein auf sie gestützter politischer Diktator sollte die politische Gewalt an sich reißen und von daher sollte die neue Organisation der Gesellschaft erfolgen.

Die Gegner, gegen die sich diese revolutionäre Richtung wendete, waren erstens diejenigen Gewerkschaften, welche nichts als Gewerkschaften im älteren englischen Sinne waren, welche sich also gar nicht für diese Zukunftspläne interessierten, weil sie in weiter Ferne zu liegen schienen, sondern vor allem solche

Arbeitsbedingungen, welche ihnen und ihren Kindern die Existenz ermöglichten: hohe Löhne, kurze Arbeitszeit, Arbeiterschutz usw. erstreiten wollten. Gegen dieses Gewerschaftlertum wendete sich jener radikale politische Marxismus auf der einen Seite. Auf der anderen Seite gegen die ausschließlich parlamentarische Form der Kompromißpolitik des Sozialismus, gegen das, was man „Millerandismus" genannt hat, seitdem Millerand in Frankreich Minister wurde. Das sei eine Politik, die dazu führe, daß sich die Führer für ihre Ministerportefeuilles interessieren und die Unterführer dafür, daß sie Beamtenstellen bekommen, weit mehr als für die Revolution; der revolutionäre Geist werde dadurch ertötet. Jener im alten Sinne „radikalen" und „orthodoxen" Richtung ist nun im Laufe der letzten Jahrzehnte eine zweite zur Seite getreten, die man als „Syndikalismus" zu bezeichnen pflegt, von Syndikat, dem französischen Ausdruck für die Gewerkschaft. Wie der alte Radikalismus die revolutionäre Deutung des Zweckes der politischen Parteiorganisation will, so der Syndikalismus die revolutionäre Deutung der Gewerkschaften. Er geht davon aus: nicht die politische Diktatur, nicht die politischen Führer und nicht die Beamten, die von diesen politischen Führern angestellt werden, sondern die Gewerkschaften und ihr Bund sollen es sein, die, wenn der große Moment gekommen ist, die Macht über die Wirtschaft in die Hand nehmen im Wege der sogenannten „action directe". Der Syndikalismus geht auf eine strengere Auffassung des Klassencharakters der Bewegung zurück. Die Arbeiter*klasse* soll ja der Träger der endgültigen Befreiung sein. Alle die Politiker aber, die sich da in den Hauptstädten herumtreiben und nur darnach fragen, wie es mit diesem und jenem Ministerium steht, was für eine Chance diese und jene parlamentarische Konjunktur hat, sind politische Interessenten und nicht Klassengenossen. Hinter ihren Wahlkreisinteressen stehen immer die Interessen von Redakteuren und Privatbeamten, die an der Zahl der gewonnenen Wählerstimmen verdienen wollen. Alle diese Interessen, die mit dem modernen parlamentarischen Wahlsystem verknüpft sind, weist der Syndikalismus zurück. Nur die wirkliche Arbeiterschaft, die in den Gewerkschaften organisiert ist, kann die neue Gesellschaft schaffen. Fort mit den Berufspolitikern, die für die – und das heißt in Wahrheit: *von* — der Politik leben und nicht für die Schaffung der neuen wirtschaftlichen Gesellschaft. Das typische Mittel der Syndikalisten ist der Generalstreik und der Terror. Der Generalstreik, von dem sie hoffen, daß durch eine plötzliche Lahmlegung der ganzen Produktion die Beteiligten, insbesondere die Unternehmer, veranlaßt würden, auf die eigene Leitung der Fabriken zu verzichten und sie in die Hand der von den Gewerkschaften zu bildenden Ausschüsse zu legen. Der Terror, den sie teils offen, teils versteckt verkünden, teils auch ablehnen – darin gehen die Meinungen auseinander — den diese Organisation in die Reihen der maßgebenden herrschenden Schichten tragen soll, um sie auch politisch lahmzulegen. Selbstverständlich ist dieser Syndikalismus derjenige Sozialismus, der wirklich ein ganz rücksichtsloser Gegner jeder Art von Heeresorganisation ist, da jede Art von Heeresorganisation Interessenten schafft, bis zum Unteroffizier, selbst bis zum Soldaten hinunter, der augenblicklich mindestens in seiner Ernährung davon abhängig ist, daß die militärische und staatliche Maschine funktioniert, also teils geradezu an dem Mißlingen des Generalstreiks interessiert, zum mindesten aber Hemmnis für den Generalstreik ist. Seine Gegner sind erstens alle politischen, sozialistischen Parteien, die sich im Parlament betätigen. Das Parlament dürfte von Syndikalisten höchstens als Tribüne benützt werden, um von da aus immer erneut unter dem Schutz der parlamentarischen Immunität zu verkünden, daß der Generalstreik kommen wird und kommen muß, um die revolutionären Leidenschaften der Massen aufzustacheln. Selbst das lenkt ihn aber von der eigentlichen Aufgabe ab und ist deshalb bedenklich. Im Parlament aber ernsthaft Politik zu treiben, das ist nicht nur Unsinn, sondern von diesem Standpunkt aus einfach verwerflich.

Ihre Gegner sind selbstverständlich auch alle Evolutionisten jeder Art. Mögen es nun Gewerkschaftler sein, die nur Kämpfe zur Verbesserung der Arbeitsbedingungen führen wollen: im Gegenteil, müssen die Syndikalisten argumentieren, je schlechter die Löhne, je länger die Arbeitszeit, je übler überhaupt die Verhältnisse, desto größer ist die Chance für den Generalstreik. Oder die Evolutionisten der Parteipolitik, welche sagen: der Staat wächst heute durch die zunehmende Demokratisierung – vor der die Syndikalisten den größten Abscheu haben: der Zarismus ist ihnen lieber, — in den Sozialismus hinein. Das ist für die Syndikalisten natürlich zum mindesten grober Selbstbetrug. Die kritische Frage ist nun die: woher die Syndikalisten die Kräfte zu nehmen hoffen, um die Leitung der Produktion in die Hand zu nehmen. Denn es wäre selbstverständlich ein schwerer Irrtum zu glauben, daß ein noch so geschulter Gewerkschaftler, wenn er auch jahrelang tätig ist und ganz genau die Bedingungen der *Arbeit* kennt, deshalb den Fabriks*betrieb* als solchen kenne, sintemal jeder moderne Fabriksbetrieb ganz und gar auf der Kalkulation, der Warenkunde, der Kunde der Bedarfslage, der technischen Schulung beruht, Dinge, die alle zunehmend spezialistisch geübt sein wollen und die die Gewerkschaftler, die wirklichen Arbeiter, kennen zu lernen schlechterdings keine Gelegenheit haben. Sie werden also, ob sie wollen oder nicht, auch ihrerseits auf *Nicht-Arbeiter*, auf Ideologen aus den Intellektuellenschichten angewiesen sein. Und in der Tat ist es auffallend, daß im vollen Gegensatze zu der Parole: das Heil kann nur von den wirklichen Arbeitern kommen, die sich im Gewerkschaftsbund zusammentun, und nicht von den Politikern oder irgendwelchen Außenseitern, gerade innerhalb der syndikalistischen Bewegung, die vor dem Krieg in Frankreich und Italien ihre Hauptherde hatte, eine Unmasse von studierten Intellektuellen sich befindet. Was suchen sie darin? Die *Romantik* des Generalstreiks und die *Romantik* der revolutionären Hoffnung als solche ist es, die diese Intellektuellen bezaubert. Wenn man sie ansieht, weiß man, daß sie Romantiker sind, dem Alltag des Lebens und seinen Anforderungen seelisch nicht gewachsen oder abgeneigt und daher nach dem großen revolutionären Wunder und — nach Gelegenheit, selbst einmal sich in der Macht zu fühlen, lechzend. Natürlich gibt es unter ihnen auch Männer mit organisatorischen Qualitäten. Die Frage ist nur, ob sich die Arbeiterschaft gerade ihrer Diktatur unterwerfen wird. Gewiß: in einem Kriege kann bei den fabelhaften Umwälzungen, die er mit sich bringt, vermöge der Schicksale, die die Arbeiterschaft da erlebt, zumal unter der Wirkung des Hungers, auch die Masse der Arbeiterschaft von syndikalistischen Vorstellungen ergriffen werden und, wenn sie Waffen zur Hand hat, sich unter der Führung solcher Intellektuellen der Gewalt bemächtigen, wenn ihr der politische und militärische Zusammenbruch eines Staates die Möglichkeit bietet. Aber die Kräfte für die Leitung der Produktion in Friedenszeiten sehe ich nicht, weder bei den Gewerkschaftsmitgliedern selbst noch bei den syndikalistischen Intellektuellen. Das große Experiment ist jetzt: Rußland. Die Schwierigkeit ist die, daß wir heute nicht über die Grenze dort hineinsehen können, um zu erfahren, wie sich darin die Leitung der Produktion in Wirklichkeit vollzieht. Nach dem, was man hört, verläuft die Sache so, daß die Bolschewiki-Regierung, die ja bekanntlich aus Intellektuellen besteht, die zum Teil hier in Wien und in Deutschland studiert haben, unter denen sich überhaupt nur wenige Russen befinden, jetzt dazu übergegangen ist, innerhalb derjenigen Fabriken, die überhaupt funktionieren — nach sozialdemokratischen Nachrichten 10 Prozent der Friedensproduktion — das Akkordlohnsystem wieder einzuführen, mit der Begründung: sonst leide die Leistung. Sie lassen die Unternehmer an der Spitze der Betriebe — weil sie allein die Sachkunde besitzen — und zahlen ihnen sehr erhebliche Subventionen. Sie sind ferner dazu übergegangen, wieder Offiziersgehälter an Offiziere aus dem alten Regime zu zahlen, weil sie ein Heer brauchen und gesehen haben: ohne geschulte

Offiziere geht das nicht. Ob diese Offiziere, wenn sie einmal die Mannschaft wieder in der Hand haben, sich dauernd die Leitung durch diese Intellektuellen werden gefallen lassen, scheint mir fraglich; im Augenblicke haben sie das freilich tun müssen. Und schließlich haben sie durch den Entzug der Brotkarte auch einen Teil der Bürokratie gezwungen, für sie zu arbeiten. Aber auf die Dauer läßt sich in dieser Art eine Staatsmaschinerie und Wirtschaft nicht leiten und sehr ermutigend ist das Experiment bisher nicht.

Das Erstaunliche ist lediglich, daß diese Organisation überhaupt so lange funktioniert. Sie kann dies deshalb, weil sie eine Militärdiktatur, zwar nicht der Generäle, aber der Korporäle ist und weil die kriegsmüden, aus der Front zurückkehrenden Soldaten mit den landhungrigen, an Agrarkommunismus gewöhnten Bauern zusammen gingen — oder die Soldaten mit ihren Waffen sich in gewaltsamen Besitz der Dörfer setzten und dort Kontribution erhoben und jeden niederschossen, der ihnen zu nahe kam. Es ist das einzige ganz große Experiment einer „Diktatur des Proletariats", das bisher gemacht wurde, und man kann mit voller Aufrichtigkeit versichern: Die Auseinandersetzungen in Brest-Litowsk wurden von deutscher Seite in loyalster Weise geführt, in der Hoffnung, wir bekämen mit diesen Leuten einen wirklichen Frieden. Das geschah aus verschiedenen Gründen: diejenigen, die als Interessenten auf dem Boden der bürgerlichen Gesellschaft standen, waren deshalb dafür, weil sie sich sagten: laßt ums Himmelswillen die Leute ihr Experiment machen, es wird sicher ins Wasser fallen und dann ist es ein abschreckendes Exempel; wir anderen deshalb, weil wir sagten: wenn dieses Experiment gelänge und wir sehen sollten, daß auf diesem Boden Kultur möglich ist, dann — wären wir bekehrt.

Derjenige, der das verhindert hat, war Herr Trotzkij, der sich nicht damit begnügen wollte, im eigenen Hause dieses Experiment zu machen und seine Hoffnung darauf zu setzen, daß, wenn es gelang, das eine Propaganda ohnegleichen in der ganzen Welt für den Sozialismus bedeutete, sondern der in der typisch russischen Literaten-Eitelkeit noch mehr wollte und darauf hoffte, durch Redegefechte und Mißbrauch solcher Worte wie „Friede" und „Selbstbestimmung" den Bürgerkrieg in Deutschland zu entfesseln, dabei aber so schlecht informiert war, nicht zu wissen, daß das deutsche Heer zumindest zu zwei Dritteln vom Lande und zu einem weiteren Sechstel aus Kleinbürgern sich rekrutiert, denen es ein wahres Vergnügen sein würde, den Arbeitern, oder wer sonst solche Revolutionen machen wollte, eins auf den Mund zu geben. Mit Glaubenskämpfern ist kein Friede zu schließen, man kann sie nur unschädlich machen und das war der Sinn des Ultimatums und des erzwungenen Brester Friedens. Das muß jeder Sozialist einsehen und mir ist auch keiner, gleichviel welcher Richtung, bekannt, der es nicht — innerlich wenigstens — einsähe. —

Wenn man nun in Auseinandersetzungen mit heutigen Sozialisten gerät und dabei *loyal* verfahren will — und das allein ist auch klug — so sind ihnen nach der heutigen Lage zwei Fragen zu stellen: Wie verhalten sie sich zum Evolutionismus? d. h. zu dem Gedanken, der ein Grunddogma des heute als orthodox geltenden Marxismus ist, daß sich die Gesellschaft und ihre Wirtschaftsordnung streng naturgesetzlich, in Altersstadien sozusagen, entwickelt und daß also eine sozialistische Gesellschaft niemals und nirgends entstehen kann, bevor die bürgerliche Gesellschaft voll zur Ausreife gekommen ist, — und das ist selbst nach sozialistischer Meinung noch nirgends der Fall, denn es gibt noch Kleinbauern und Kleinhandwerker, — wie also verhalten sich die betreffenden Sozialisten zu diesem evolutionistischen Grunddogma? Und dann wird sich herausstellen, daß zum mindesten außerhalb Rußlands sie *alle* auf seinem Boden stehen, d. h. also, daß sie alle, auch die radikalsten von ihnen, als einzig mögliche Folge einer Revolution die Entstehung einer *bürgerlichen*, *nicht* aber einer proletarisch geleiteten Gesellschaftsordnung erwarten, weil für diese noch nirgends die Zeiten reif seien. Diese Gesellschaftsordnung, hofft man nur, werde in einigen Zügen um einige Schritte näher jenem Endstadium stehen, von dem aus, wie gehofft wird, der Uebergang zur sozialistischen Zukunftsordnung dereinst erfolgen soll.

Auf das Gewissen gefragt, wird jeder ehrliche sozialistische Intellektuelle das antworten müssen. Es gibt ja infolgedessen eine breite Schichte von Sozialdemokraten innerhalb Rußlands, die sogenannten Menschewiki, welche auf dem Standpunkte stehen: dieses bolschewistische Experiment, auf den heutigen Status der bürgerlichen Gesellschaft bereits eine sozialistische Ordnung von oben aufzupfropfen, ist nicht nur ein Unsinn, es ist ein Frevel gegen das marxistische Dogma. Der furchtbare Haß beider Richtungen gegeneinander hat in dieser dogmatischen Verketzerung seinen Grund.

Wenn nun die überwältigende Mehrzahl der Führer, jedenfalls alle, die ich jemals kennengelernt habe, auf diesem evolutionistischen Boden steht, so ist natürlich die Frage berechtigt: was soll eigentlich unter diesen Verhältnissen eine Revolution, vollends während des Krieges, von ihrem eigenen Standpunkt aus, leisten? Den Bürgerkrieg kann sie bringen und damit vielleicht den Sieg der Entente, aber doch keine sozialistische Gesellschaft; sie kann und wird ferner herbeiführen innerhalb des etwa zusammengebrochenen Staates ein Regiment bäuerlicher und kleinbürgerlicher Interessenten, also der radikalsten Gegner *jedes* Sozialismus. Und sie brächte doch vor allem eine ungeheure Kapitalszerstörung und Desorganisation, also ein Zurückschrauben der vom Marxismus geforderten gesellschaftlichen Entwicklung, die ja eine immer weitere Sättigung der Wirtschaft mit Kapital voraussetzt. Es ist doch zu berücksichtigen, daß der westeuropäische *Bauer* anders geartet ist als der russische Bauer, der innerhalb seines Agrarkommunismus lebt. Dort ist das Entscheidende die Landfrage, die bei uns gar keine Rolle spielt. Der deutsche Bauer zum mindesten ist heute Individualist und hängt am Erbeigentum und an seinem Boden. Er wird sich davon kaum abbringen lassen. Er verbündet sich weit eher mit dem Großgrundbesitzer als mit dem radikal-sozialistischen Arbeiter, wenn er sich darin bedroht glaubt.

Vom Standpunkt der sozialistischen Zukunftshoffnungen aus sind also die Perspektiven einer Revolution während des Krieges jetzt die denkbar übelsten auch dann, wenn sie gelingen sollte. Was sie allergünstigstenfalles brächte: eine Annäherung der *politischen* Verfassung an die von der Demokratie gewünschte Form, das entzöge sie dem Sozialismus durch die *wirtschaftlich* reaktionären Folgen, die sie haben müßte. Auch das darf kein Sozialist loyalerweise leugnen.

Das Zweite ist das Verhältnis zum *Frieden*. Wir wissen alle, daß sich heute der radikale Sozialismus bei den Massen mit pazifistischen Neigungen, mit dem Wunsche verquickt: daß schleunigst Friede geschlossen werde. Nun steht aber fest und ein jeder Führer der radikalen, also der wirklich revolutionären Sozialdemokratie wird es, wenn gefragt, ehrlich zugeben müssen: Der Friede ist ihm, dem *Führer*, *nicht* das Entscheidende, worauf es ihm ankommt. Wenn wir die Wahl haben — wird er, wenn er rückhaltlos offen ist, sagen müssen — zwischen einem noch drei Jahre dauernden Kriege und dann der Revolution einerseits und sofortigem Frieden *ohne* Revolution anderseits, dann sind wir natürlich für die drei Jahre Krieg. Mag er das mit seinem Glaubenseifer und seinem Gewissen ausmachen. Die Frage ist doch, ob die Mehrzahl der Truppen, die draußen im Felde zu stehen haben, auch die sozialistischen, der gleichen Meinung sind wie diese Führer, die ihnen etwas derartiges diktieren. Und es ist selbstverständlich durchaus loyal und nur in der Ordnung, wenn man sie zwingt, Farbe zu bekennen. Fest steht und zugegeben ist, daß Trotzkij den Frieden *nicht* gewollt hat. Das bestreitet heute kein mir bekannter Sozialist mehr. Aber das gleiche gilt auch für die radikalen Führer aller Länder. Vor die Wahl gestellt, würden auch sie *nicht* vor allem den Frieden wollen, sondern, wenn er der Revolution, das heißt: dem Bürgerkrieg, zugute käme, den Krieg. Den Krieg im Interesse der Revolution, *obwohl* diese Revolution nach ihrer eigenen Meinung — ich wiederhole das — zur sozialistischen Gesellschaft *nicht* führen kann, sondern höchstens — das ist die einzige Hoffnung — zu einer vom sozialistischen Standpunkt „höheren" Entwicklungsform der bürgerlichen Gesellschaft, die also der künftig irgendwann einmal eintretenden sozialistischen Gesellschaft um etwas näher steht — um wieviel, läßt sich gar nicht sagen — als die heutige. Gerade diese Hoffnung freilich ist aus dem angegebenen Grunde äußerst zweifelhaft. —

Eine Auseinandersetzung mit überzeugten Sozialisten und Revolutionären ist immer eine mißliche Sache. Man überzeugt sie nach meiner Erfahrung nie. Man kann nur die Leute nötigen, vor ihren eigenen Anhängern Farbe zu bekennen, einerseits zur Frage des Friedens und andererseits zu der Frage, was die Revolution eigentlich bringen soll, zur Frage der stufenweisen Evolution also, die bis heute ein Dogma des echten Marxismus ist und nur in Rußland von einer dort bodenständigen Sekte abgelehnt wurde, welche glaubte, Rußland könne diese Entwicklungsstufen Westeuropas überspringen. Das ist eine durchaus loyale Art und auch die einzig wirksame oder mögliche. Denn ich bin der Meinung: ein Mittel, die sozialistische Ueberzeugung und die sozialistischen Hoffnungen aus der Welt zu schaffen, gibt es nicht. Jede Arbeiterschaft wird immer wieder in irgendeinem Sinne sozialistisch sein. Die Frage ist nur, ob dieser Sozialismus ein solcher sein wird, daß er vom Standpunkt der Staatsinteressen aus und zur Zeit insbesondere vom Standpunkt der militärischen Interessen aus erträglich ist. Es ist bisher noch keine, auch noch keine proletarische, Herrschaft, wie etwa die der Kommune in Paris oder jetzt die der Bolschewiki, ohne das Standrecht ausgekommen in Fällen, wo die Grundlagen ihrer Disziplin gefährdet waren. Das hat Herr Trotzkij in dankenswerter Aufrichtigkeit zugegeben. Aber je sicherer die Mannschaft das Gefühl hat: daß nur die *sachlichen* Interessen an der Erhaltung der Disziplin und *keine* Partei- oder Klasseninteressen das Verhalten der militärischen Instanzen bestimmen, daß also nur das *sachlich* im Kriege Unvermeidliche geschieht, desto unerschütterter wird die militärische Autorität bleiben.